Papier ist ein Material, das die Menschen weltweit zu immer neuen Kreativ-Ideen anregt. Carlos N. Molina, den in New York lebenden Papierkünstler, fasziniert es besonders, das eindimensionale Papier in ein dreidimensionales Kunstwerk zu verwandeln. Von seinen Modellen inspiriert entwickelte Armin Täubner, der auf dem Gebiet des kreativen Gestaltens mit Papier sehr vielseitig ist, faszinierende Paper Balls für viele Anlässe.

In diesem Buch tauchen Sie ein in die Weihnachtswelt der Paper Balls. Diese Kreativtechnik, bei der aus schönen Papierstreifen und den verschiedensten Perlen wunderschöne Kugeln und Sterne gestaltet werden, eignet sich geradezu ideal für die festlichste Zeit des Jahres. Denn vor Weihnachten nehmen sich viele Menschen gerne Zeit, um ganz besondere Dekorationen für die eigene Wohnung oder als Geschenk zu gestalten.

Genaue Anleitungen im Buch und zusätzlich auf der beiliegenden DVD machen das Nacharbeiten ganz einfach. Wir wünschen Ihnen viel Freude beim Gestalten Ihrer festlichen Paper Balls!

Festliche Hänger

mit Glanzeffekt

MOTIVHÖHE
ca. 6 cm

MATERIAL PRO HÄNGER
* 3 Wellpappestreifen in Gold (quer gestreift), 1 cm breit, 20 cm lang
* Wellpappestreifen in Gold, 1 cm breit, 6 cm lang
* 3 Kartonstreifen mit Leinenstruktur in Weiß, 1 cm breit, 19,5 cm lang
* 2 Kartonsterne in Weiß, ø 4 cm
* Messingdraht, ø 0,8 mm, 8 cm lang
* 7 Wachsperlen in Gold, ø 5 mm

VORLAGEN
Seite 44

1 Lochen Sie alle Streifen in der Mitte und je 5 mm von den Streifenenden entfernt. Dann kleben Sie jeweils einen Sechser-Stern aus den drei Wellpappe- und den Kartonstreifen.

2 Vom kurzen Wellpappestreifen sechs 1 cm lange Stücke abschneiden. Diese goldenen Wellpappequadrate zur Verzierung jeweils auf die Mitte der weißen Sternstrahlen kleben.

3 Nun biegen Sie ein Drahtende zu einer Öse und fädeln alles gemäß der Aufsteckreihenfolge auf. Zum Schluss biegen Sie auch das andere Drahtende zu einer Öse.

Aufsteckreihenfolge

Perle – Kartonstern – Sechser-Stern (Wellpappe) – Sechser-Stern (Karton) – 5 Perlen – Spitzen des Sechser-Sterns (Karton) – Spitzen des Sechser-Sterns (Wellpappe) – Kartonstern – Perle

Mein Tipp für Sie

Kugelverzierung Am schönsten sieht es aus, wenn Sie die Richtung des Linienverlaufs der kleinen goldenen Wellpappequadrate an die Wellpappestreifen des Sechser-Sterns anpassen. Experimentieren Sie auch mit anderen Verzierungen für die weißen Sternstrahlen, z. B. kleinen goldenen Klebesternen.

Dekoratives in Blautönen

edle Kugeln und Sterne

MOTIV-DURCHMESSER
Kugeln ca. 8 cm
Sterne ca. 15 cm

MATERIAL PRO KUGEL

* Karton mit Leinenstruktur in Hell- und Dunkelblau
* Stickerbänder in Gold
* 2 Goldperlen, ø 5 mm
* 10 Holzperlen in Dunkelblau, ø 5 mm
* Messingdraht, ø 0,8 mm, 11 cm lang

PRO STERN

* Karton mit Leinenstruktur in Weiß und Blautönen
* 4 Streifen in Weiß, 0,7 cm breit, 30 cm lang
* Stickerbänder in Silber
* 6 Wachsperlen in Weiß, ø 5 mm
* Silberdraht, ø 0,8 mm, 8 cm lang
* je 2 Kartonsterne, ø 2 cm

VORLAGEN
Seite 42

Kugeln

1 Übertragen Sie die Umrisse der Schablone gemäß der allgemeinen Anleitung viermal auf den Karton und schneiden Sie die Streifen aus.

2 Verzieren Sie die Streifen mit den Stickerbändern und kleben Sie sie zu einem Achter-Stern zusammen.

3 Das Drahtende zu einer Öse biegen und die Streifen und Perlen gemäß der Aufsteckreihenfolge auffädeln. Zum Schluss biegen Sie auch das andere Drahtende zu einer Öse.

Aufsteckreihenfolge

Perle – Achter-Stern – 10 Holzperlen – Spitzen des Achter-Sterns – Perle

Mein Tipp für Sie

Variante Sie können die Sterne zusätzlich mit einem beschrifteten und mit Stickerbändern verzierten Kartonstreifen schmücken. Er wird vor dem kleinen weißen Kartonstern aufgesteckt.

Sterne

1 Vier blaue Kartonstreifen mithilfe einer Schablone ausschneiden und an den gestrichelten Linien falten. Kleben Sie sie zu zwei Vierer-Sternen zusammen.

2 Die vier schmalen weißen Kartonstreifen mit den Stickerbändern bekleben und genau in der Mitte sowie jeweils 5 mm von den Enden entfernt lochen. Biegen Sie ein Streifenende so zur Mitte, dass die beiden Löcher genau übereinanderliegen. Jetzt den Streifen platt drücken. Ebenso bei dem anderen Streifenende vorgehen. Falten Sie alle weißen Streifen auf diese Weise und kleben Sie sie zu einem Achter-Stern zusammen.

3 Nun biegen Sie ein Drahtende zu einer Öse, fädeln alles gemäß der Aufsteckreihenfolge auf und biegen auch das andere Drahtende zur Öse.

Aufsteckreihenfolge für alle Sterne

Perle – kleiner weißer Kartonstern – 1. blauer Vierer-Stern – Perle – 2. blauer Vierer-Stern – weißer Achter-Stern – 2 Perlen – Spitzen des weißen Achter-Sterns – Spitzen des 2. blauen Vierer-Sterns – Perle – Spitzen des 1. blauen Vierer-Sterns – kleiner weißer Kartonstern – Perle

Fröhliche Weihnachten

Moderne Kugelgirlande

effektvoller Blickfang

1 Für die kleine Kugel jeweils zwei gleichfarbige, dreimal gelochte Kartonstreifen (einmal in der Mitte und je 5 mm von den Streifenenden entfernt) zu einem Kreuz aufeinanderkleben.

2 Für die große Kugel werden die drei quer gemusterten 2 cm breiten Streifen einmal in der Mitte und 1 cm von den Streifenenden entfernt gelocht (nicht wie üblich 5 mm)! Die anderen Papier- und Kartonstreifen 5 mm von den Streifenenden entfernt lochen. Kleben Sie aus jeweils drei gleichfarbigen Papier- bzw. Kartonstreifen Sechser-Sterne.

3 Biegen Sie ein Drahtende zu einer Öse und stecken Sie die Streifen und Perlen gemäß der jeweiligen Aufsteckreihenfolge auf den Draht. Anschließend wird das zweite Drahtende zu einer Öse gebogen.

4 Hängen Sie im Wechsel eine beliebige Anzahl von kleinen und großen Kugeln an den Drahtösen aneinander.

MOTIVDURCHMESSER
große Kugel ca. 11 cm
kleine Kugel ca. 5,5 cm

MATERIAL

KLEINE KUGEL

* 2 Kartonstreifen in Rot, 1 cm breit, 15 cm lang
* 2 Kartonstreifen in Weiß, 1,5 cm breit, 15 cm lang
* 8 Glasschliffperlen in Kristall, ø 6 mm
* Silberdraht, ø 0,8 mm, 9 cm lang

GROSSE KUGEL

* 3 Papierstreifen in Rot, Weiß und Grün, quer gemustert, 2 cm breit, 30 cm lang
* 3 Kartonstreifen in Hellgrün, 1 cm breit, 30 cm lang
* 3 Papierstreifen in Hellgrün, gemustert, 2 cm breit und 15 cm lang (Innenkugel)
* je 2 Kartonscheiben in Hellgrün und Weiß, ø 1,5 cm und 2,5 cm
* 12 Glasschliffperlen in Kristall, ø 6 mm
* Silberdraht, ø 0,8 mm, 15 cm lang

HINWEIS
Zu diesem Modell ist ein Papierset erhältlich.

Aufsteckreihenfolge für die kleine Kugel

Perle – rotes Kreuz – weißes Kreuz – 6 Perlen – Spitzen des weißen Kreuzes – Spitzen des roten Kreuzes – Perle

Aufsteckreihenfolge für die große Kugel

Perle – grüne und weiße Kartonscheibe – grüner Sechser-Stern – quer gestreifter Sechser-Stern – 2 Perlen – grün gemusterter Sechser-Stern – 6 Perlen – Spitzen des grün gemusterten Sechser-Sterns – 2 Perlen – Spitzen des quer gestreiften Sechser-Sterns – Spitzen des grünen Sechser-Sterns – weiße und grüne Kartonscheibe – Perle

Mein Tipp für Sie

Knickfalten vermeiden Weil die Kartonstreifen beim Zurechtbiegen leicht knicken, empfehle ich Ihnen, die Streifenenden zuvor über einen runden Bleistift oder etwas Ähnliches zu ziehen. Dadurch wölben sich die Streifen, ohne dass sie Knickfalten bekommen.

Die farblich abgestimmten Perlen und die aufeinandergelegten Sterne bilden die Besonderheit dieser Kugeln.

Die Farbkombination Gold und Braun sieht sehr festlich aus. Probieren Sie nach Wunsch auch andere Farbzusammenstellungen aus.

Edler Kugeltraum

in festlichen Farben

MOTIVDURCHMESSER
ca. 11 cm

MATERIAL

* 4 Kartonstreifen in Dunkelbraun, 1 cm breit, 30 cm lang
* 4 Alukartonstreifen in Gold, gemustert, 2 cm breit, 30 cm lang
* je 2 Kartonsterne in Dunkelbraun und Gold, ø 2,5 cm und 4 cm
* je 2 Wachsperlen in Dunkelbraun und Goldgelb, ø 6 mm und 10 mm
* 15 Glasschliffperlen in Kristall, ø 6 mm
* Silberdraht, ø 0,8 mm, 15 cm lang

VORLAGEN
Seite 46

HINWEIS
Zu diesem Modell ist ein Papierset erhältlich.

1 Die vier gemusterten und die vier einfarbigen Kartonstreifen jeweils dreimal lochen (einmal in der Mitte und je 5 mm von den Streifenenden entfernt). Kleben Sie sie jeweils zu einem Achter-Stern zusammen.

2 Biegen Sie ein Drahtende zu einer Öse und stecken Sie die Streifen und Perlen gemäß der unten angegebenen Reihenfolge auf den Draht. Anschließend wird das zweite Drahtende zu einer Öse gebogen.

Aufsteckreihenfolge

kleine Wachsperle – große Wachsperle – kleiner und großer Kartonstern – einfarbiger Achter-Stern – 2 Glasschliffperlen – gemusterter Achter-Stern – 11 Glasschliffperlen – Spitzen des gemusterten Sterns – 2 Glasschliffperlen – Spitzen des einfarbigen Achter-Sterns – großer und kleiner Kartonstern – große Wachsperle – kleine Wachsperle

Festliches Ensemble

im orientalischen Farb- und Mustermix

MOTIV-
DURCHMESSER
Hänger ca. 14 cm
Kugel ca. 9 cm

MATERIAL
PRO HÄNGER MIT QUASTE

* 4 Struktur-Kartonstreifen in Violett oder Fuchsie, 1 cm bzw. 1,5 cm breit, 30 cm lang
* 4 Papierstreifen in Orange mit Blütenmuster oder orientalischem Muster, 2 cm breit, 30 cm lang
* 2 Kartonscheiben in Orange mit unregelmäßigem Rand, ø 2,2 cm
* ggf. 2 Kartonscheiben in Violett mit unregelmäßigem Rand, ø 3 cm
* 2 Glasperlen in Purpur, ø 10 mm
* 2 Scheibenperlen in Orange, ø 12 mm, oder 2 Facettenperlen in Gold, ø 10 mm
* 12 Glasschliffperlen in Kristall, ø 6 mm
* ggf. Plastikstrasssteine in Orange, ø 4 mm
* ggf. Schmucksteinkleber
* Quaste in Goldgelb, 11,5 cm lang
* Silberdraht, ø 0,8 mm, 15 cm lang

KUGEL IN GOLD UND PURPUR

* 3 Alu-Kartonstreifen in Gold, geprägt, 2 cm breit, 30 cm lang
* 4 Kartonstreifen mit Leinenstruktur in Purpur, 1,5 cm breit, 30 cm lang (aus dem vierten Streifen werden die Sternchen ausgestanzt)
* 6 Alu-Kartonstreifen in Gold, geprägt, 5 mm breit, 11 cm lang
* 4 Papierstreifen in Gelb mit rotem Muster, 1 cm breit, 15 cm lang
* 13 Glasschliffperlen in Kristall, ø 6 mm
* 2 Goldperlen, ø 10 mm
* Sternlocher, ø 1,5 cm
* Silberdraht, ø 0,8 mm, 12 cm lang

VORLAGEN
Seite 46

HINWEIS
Zu diesen Modellen ist ein Papierset erhältlich.

Hänger

1 Alle einfarbigen und gemusterten Streifen lochen (einmal in der Mitte und je 5 mm von den Streifenenden entfernt) und jeweils zu einem Achter-Stern zusammenkleben.

2 Kleben Sie auf den einfarbigen Achter-Stern nach Wunsch Plastikstrasssteine auf. Dazu keinen herkömmlichen Alleskleber verwenden, denn das enthaltene Lösungsmittel löst die Silberschicht auf der Schmucksteinrückseite auf. Stattdessen kleben Sie die Schmucksteine am besten mithilfe einer Pinzette mit einem speziellen Schmucksteinkleber auf.

3 Nun biegen Sie ein Drahtende zu einer Öse und fädeln alles gemäß der Aufsteckreihenfolge auf. Zum Schluss biegen Sie auch das andere Drahtende zu einer Öse.

Aufsteckreihenfolge

Perle in Purpur – Scheibenperle (oder goldene Facettenperle) – orangefarbene Kartonscheibe (zusätzlich violette Kartonscheibe) – einfarbiger Achter-Stern – 3 Glasschliffperlen – gemusterter Achter-Stern – 6 Glasschliffperlen – Spitzen des gemusterten Sterns – 3 Glasschliffperlen – Spitzen des einfarbigen Achter-Sterns – orangefarbene Kartonscheibe (zusätzlich violette Kartonscheibe) – Scheibenperle (oder goldene Facettenperle) – Perle in Purpur – Quaste

Kugel

1 Die drei langen Alukartonstreifen in der Mitte und jeweils 1 cm von beiden Enden entfernt lochen. Die purpurfarbenen Kartonstreifen und die die vier Papierstreifen jeweils 5 mm von den Enden entfernt lochen.

2 Aus den gleichfarbigen Kartonstreifen jeweils einen Sechser-Stern kleben. Aus den vier gelben Papierstreifen einen Achter-Stern kleben. Aus einem Alukartonstreifenrest und dem vierten purpurfarbenen Streifen zwei bzw. zwölf Sternchen ausstanzen. Die beide Goldsternchen in der Mitte lochen.

3 Die roten Sternchen auf den goldenen Sechser-Stern und die schmalen Goldstreifen auf den purpurfarbenen Sechser-Stern kleben. Biegen Sie dann ein Drahtende zur Öse, fädeln alle Teile auf und biegen das andere Drahtende zur Öse.

Aufsteckreihenfolge

Goldperle – goldener Kartonstern – purpurner Sechser-Stern – goldener Sechser-Stern – 3 Glasschliffperlen – gelber Achter-Stern – 7 Glasschliffperlen – Spitzen des Achter-Sterns – 3 Glasschliffperlen – Spitzen des goldenen Sterns – Spitzen des purpurnen Sterns – goldener Kartonstern – Goldperle

Schöne Anhänger

in festlichem Rot

MOTIVHÖHE
ca. 10,5 cm

MATERIAL
PRO HÄNGER

* Tonkarton mit geprägter Alufolie in Dunkelrot
* Sticker mit Sternenmotiv in Gold
* Stickerstreifen in Gold
* 6 Goldperlen, ø 8 mm
* 5 Goldoliven, 8 mm x 4 mm
* Quaste in Gold, 5 cm lang
* Messingdraht, ø 0,8 mm, 12 cm lang

VORLAGEN
Seite 43

1 Übertragen Sie die Umrisse der Schablonen auf den roten Karton (vier Streifen und zwei Kreise) und schneiden Sie sie aus.

2 Die vier Kartonstreifen an den gestrichelten Linien falten und dann mit den Stickerbändern und Sternen verzieren. Die beiden Kreise jeweils mit einem Stickerstern verzieren. Kleben Sie einen Achter-Stern zusammen.

3 Nun biegen Sie ein Drahtende zu einer Öse und fädeln alles gemäß der Aufsteckreihenfolge auf. Auch das andere Drahtende zu einer Öse biegen. Hängen Sie abschließend an der unteren Öse die Quaste ein.

Aufsteckreihenfolge

Olive – Perle – Kartonscheibe – Achter-Stern – Perle – Olive – Perle – Olive – Perle – Olive – Spitzen des Achter-Sterns – Kartonscheibe – Perle – Olive

Mein Tipp für Sie

Verzierung der Streifen Sticker in verschiedenen Formen – ob als Einzel- oder Streifenmotiv – eignen sich wunderbar für die unkomplizierte Verzierung der Kartonstreifen und geben den Paper Balls eine festliche Note. Sie können aber auch Linien, Punkte und Sterne mit einem Lackmalstift in Gold auftragen, wie ich es z. B. bei den Spiralkugeln auf Seite 14 gemacht habe.

Bezaubernde Spiralform

mit originellem Notenmuster

MOTIVHÖHE
ca. 8,5 cm

MATERIAL
PRO KUGEL

* Fotokarton mit Notenmuster
* 2 Strassrondelle in Gold, ø 6 mm
* 6 Holzperlen in Weiß oder Natur, ø 10 mm
* Lackmalstift in Gold
* Messingdraht, ø 0,8 mm, 14 cm lang

VORLAGEN
Seite 42

1 Übertragen Sie die Konturen der s-förmigen Vorlage mithilfe einer Schablone neunmal auf den Karton und stechen Sie durch die Schablone auch die Löcher ein.

2 Mit dem Goldstift die Ränder der neun Papierstreifen nachziehen und nach Belieben Sternchen aufmalen und/oder Punkte auftupfen.

3 Nun biegen Sie ein Drahtende zu einer Öse und fädeln alles gemäß der Aufsteckreihenfolge auf. Zum Schluss biegen Sie auch das andere Drahtende zu einer Öse.

Aufsteckreihenfolge

Strassrondell – 9 Papierstreifen – 6 Holzperlen – die Spitze des untersten Papierstreifens – die Spitze des zweiten Streifens von unten und so weiter fortfahren bis alle Streifenenden aufgebraucht sind – Strassrondell

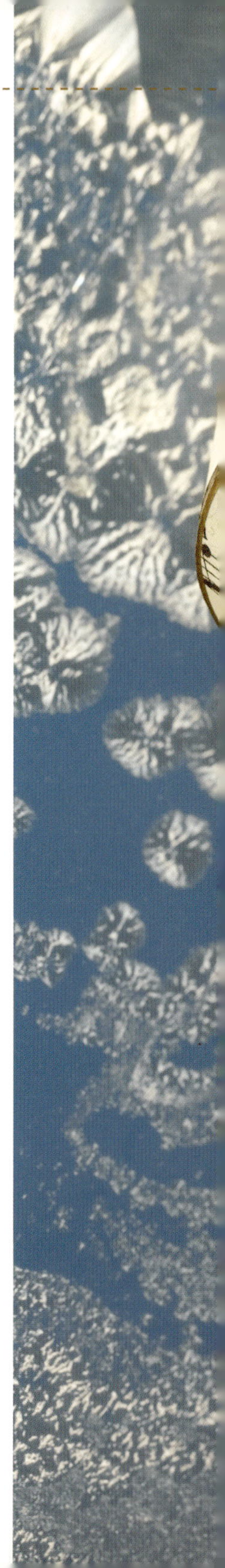

Sternenzauber

für ein glanzvolles Fest

MOTIVDURCHMESSER
ca. 13 cm

MATERIAL
PRO STERN

* Alukarton in Gold, geprägt, Rückseite Weiß
* 7 Wachsperlen in Weiß, ø 5 mm
* 8 (oder 14) Plastikhalbperlen in Weiß, selbstklebend, ø 3 mm und 5 mm
* 2 Pailletten in Gold, gewölbt, ø 6 mm
* Messingdraht, ø 0,8 mm, 8 cm lang
* je 2 Kartonsterne, ø 2 cm und 4,5 cm

VORLAGEN
Seite 43

1 Die vier Kartonstreifen pro Stern aus dem Alukarton schneiden, an den gestrichelten Linien falten und zu jeweils zwei Vierer-Sternen zusammenkleben.

2 Die selbstklebenden Halbperlen am besten mit einer Pinzette anbringen. Sie können auch die kleinen Kartonsterne – Sie benötigen zwei beziehungsweise vier pro Stern – mit Halbperlen verzieren. Orientieren Sie sich dabei an der Abbildung.

3 Biegen Sie ein Drahtende zu einer Öse und stecken Sie die Streifen und Perlen gemäß der unten angegebenen Reihenfolge auf den Draht. Anschließend wird das zweite Drahtende zu einer Öse gebogen.

Aufsteckreihenfolge für alle Sterne

Perle – Paillette – einen oder zwei Kartonsterne – Perle – 1. Vierer-Stern – Perle – 2. Vierer-Stern – Perle – Spitzen des 2. Vierer-Sterns – Perle – Spitzen des 1. Vierer-Sterns – Perle – einen oder zwei Kartonsterne – Paillette – Perle

Raffiniertes Kugel-Duo

mit Glitzerakzenten

MOTIVDURCH-MESSER
ca. 11 cm

MATERIAL PRO KUGEL

* 4 Struktur-Kartonstreifen in Rot, 1,5 cm breit, 30 cm lang
* 4 Kartonstreifen in Weiß, glänzend, 1 cm breit, 30 cm lang
* 4 Struktur-Kartonstreifen in Hellgrün, 1 cm breit, 30 cm lang
* je 2 Kartonscheiben in Rot, ø 1,5 cm und 2,5 cm
* 14 Glasschliffperlen in Kristall, ø 6 mm
* 2 Silberperlen, ø 10 mm
* Satinband in Weiß, 5 mm breit, 1,80 m lang
* Strasssteine in Kristall, ø 3 mm und 4 mm
* Silberdraht, ø 0,8 mm, 15 cm lang
* Lochzange
* Pinzette
* Schmucksteinkleber

HINWEIS
Zu diesen Modellen ist ein Papierset erhältlich.

1 Die roten Kartonstreifen in der Mitte und 5 mm von den Enden entfernt lochen, die weißen oder grünen Kartonstreifen in der Mitte und 1 cm (!) von den Enden entfernt lochen.

2 Lochen Sie die roten Streifen zusätzlich noch mit der Lochzange (ø 5 mm) auf der linken Seite im Abstand von 2 cm sechsmal und fädeln Sie ein 12 cm langes weißes Band gemäß der Abbildung durch die Löcher. Die Bandenden ankleben. Ebenso auf der rechten Streifenseite vorgehen. Wenn alle vier Streifen mit den Bändern verziert wurden, kleben Sie sie zu einem Achter-Stern zusammen.

3 Aus den weißen oder grünen Kartonstreifen ebenfalls einen Achter-Stern kleben. Mithilfe der Pinzette und dem Schmucksteinkleber nach Wunsch oder Abbildung die Strasssteine als Verzierung anbringen.

4 Nun biegen Sie ein Drahtende zu einer Öse und fädeln alles gemäß der Aufsteckreihenfolge auf. Zum Schluss biegen Sie auch das andere Drahtende zu einer Öse.

Aufsteckreihenfolge

Silberperle – kleine und große rote Kartonscheibe – roter Achter-Stern – weißer (bzw. grüner) Achter-Stern – 12 Glasschliffperlen – Spitzen des weißen (bzw. grünen) Achter-Sterns – Spitzen des roten Achter-Sterns – große und kleine rote Kartonscheibe – Silberperle

MOTIVDURCHMESSER
Kugeln ca. 11 cm
Hänger ca. 13 cm

MATERIAL
STECKER

* 4 Papierstreifen in Hellgrün oder 3 in Blau, gemustert, 2 cm breit, 30 cm lang
* 3 oder 4 Transparentpapierstreifen in Weiß, gemustert, 1,5 cm breit und 30 cm lang
* 2 Kartonschneekristalle in Blau oder Hellgrün, ø 3,5 cm
* 4 Kartonschneekristalle in Blau oder Hellgrün, ø 2,5 cm
* 2 Silberperlen, ø 10 mm
* 2 Wachsperlen in Blau, ø 6 mm (blau-weiße Kugel)
* 13 Glasschliffperlen in Kristall, ø 6 mm (blau-weiße Kugel)
* 17 Glasschliffperlen in Kristall, ø 6 mm (grün-weiße Kugel)
* Nähgarn in Weiß
* Steckdraht, ø 1 mm, 30 cm lang

Kugelstecker und Hänger

in frischen Farben

HÄNGER

* 3 Struktur-Kartonstreifen in Türkis, 1 cm breit, 30 cm lang
* 3 Papierstreifen in Hellgrün, gemustert, 2 cm breit, 30 cm lang
* 4 Struktur-Kartonstreifen in Hellgrün, 1 cm breit, 15 cm lang (Innenkugel)
* 2 Kartonschneekristalle in Hellgrün, ø 3,5 cm
* 2 Glasperlen in Kristall, ø 8 mm
* 14 Glasschliffperlen in Kristall, ø 6 mm
* Silberdraht, ø 0,8 mm, 15 cm lang

HINWEIS

Zu diesen Modellen ist ein Papierset erhältlich.

VORLAGEN

Seite 46

Stecker

1 Die grün oder blau gemusterten 2 cm breiten Streifen mittig und dann nicht wie üblich 5 mm, sondern 1 cm von den Streifenenden entfernt lochen! Bei den Transparentpapierstreifen sind die Löcher 5 mm von den Streifenenden entfernt. Aus den drei bzw. vier Papierstreifen entweder zwei Sechser- oder zwei Achter-Sterne kleben.

2 Biegen Sie ein Drahtende zu einer Öse und stecken Sie die Streifen und Perlen gemäß der unten angegebenen Reihenfolge auf den Draht. Die letzte Perle mit Klebstoff am Steckdraht fixieren.

3 An zwei 20 cm lange Fäden jeweils zwei kleine Kartonschneekristalle binden. Die beiden Fäden oberhalb der unteren Silberperle mehrfach um den Steckdraht schlingen.

Aufsteckreihenfolge Stecker

Glasschliffperle (bzw. blaue Perle) – Silberperle – grüner (bzw. blauer) Kartonschneekristall – Glasschliffperle (nur beim grünen Stecker) – weißer Achter-Stern (bzw. weißer Sechser-Stern) – grüner Achter-Stern (bzw. blauer Sechser-Stern) – 13 Glasschliffperlen – Spitzen des grünen Achter-Sterns (bzw. des blauen Sechser-Sterns) – Spitzen des weißen Achter-Sterns (bzw. des weißen Sechser-Sterns) – Glasschliffperle – grüner (bzw. blauer) Kartonschneekristall – Silberperle – Glasschliffperle (bzw. blaue Perle)

Hänger

1 Alle Streifen lochen (mittig und je 5 mm von den Streifenenden entfernt). Aus den drei einfarbigen und gemusterten Streifen jeweils einen Sechser-Stern kleben. Aus den vier kurzen Kartonstreifen einen Achter-Stern zusammenkleben. Beim großen Sechser-Stern die Streifen so zum Loch in der Sternmitte biegen, dass die beiden Löcher genau übereinanderliegen. Nun den Papierstreifen flach drücken, sodass eine Knickfalte entsteht. Auf diese Weise alle Sternstreifenenden zur Mitte und wieder zurück falten.

2 Biegen Sie ein Drahtende zu einer Öse, stecken alles gemäß der Aufsteckreihenfolge auf den Draht und biegen das zweite Drahtende zu einer Öse.

Aufsteckreihenfolge Hänger

Glasschliffperle – Glasperle – Kartonschneekristall – Glasschliffperle – einfarbiger Sechser-Stern – Glasschliffperle – gemusterter Sechser-Stern – Glasschliffperle – kleiner Achter-Stern – 6 Glasschliffperlen – Spitzen des kleinen Achter-Sterns – Glasschliffperle – Spitzen des gemusterten Sechser-Sterns – Glasschliffperle – Spitzen des einfarbigen Sechser-Sterns – Glasschliffperle – Kartonschneekristall – Glasperle – Glasschliffperle

Spiralkugeln mit Schneekristallen

erinnern an Weihnachten in Skandinavien

MOTIVHÖHE
ca. 8,5 cm

MATERIAL PRO KUGEL

* Fotokarton mit Schneekristallen
* 2 Glasschliffperlen in Kristall, ø 8 mm
* Silberdraht, ø 0,8 mm bis 1 mm, 19 cm lang

VORLAGEN
Seite 43

1 Den Umriss der Vorlage sechzehn Mal auf den Karton übertragen und durch die Schablone auch die Löcher einstechen.

2 Biegen Sie ein Drahtende zu einer Öse und stecken Sie die Streifen und Perlen gemäß der rechts angegebenen Reihenfolge auf den Draht. Anschließend wird das zweite Drahtende zu einer Öse gebogen.

Aufsteckreihenfolge

Glasschliffperle – 16 Papierstreifen – die Spitze des untersten Papierstreifens – weiter geht es im Uhrzeigersinn mit der Spitze des zweiten Streifens, dann der Spitze des dritten Streifens und so weiter, bis alle 16 Streifenenden aufgebraucht sind – Glasschliffperle

Mein Tipp für Sie

Varianten gestalten Sie können der Spiralkugel sehr schnell ein völlig anderes Aussehen verleihen, indem Sie eine andere Fotokartonfarbe verwenden, z. B. einen Goldton. Experimentieren Sie auch mit zwei verschiedenen Farben, die Sie im Wechsel auf den Draht stecken, wie z. B. Gold – Rot oder Silber – Blau.

Farbspiel von Gold und Weiß

zum vielseitigen Dekorieren

MOTIVHÖHE
große Kugel ca. 11 cm
kleine Kugel ca. 5,5 cm

MATERIAL

GROSSE KUGEL

* 4 Papierstreifen in Weiß und Gold mit Ornamentmuster, 1,5 cm breit, 30,5 cm lang (quer zum Muster geschnitten)
* 4 Papierstreifen in Weiß und Gold mit Streifenmuster, 1,2 cm breit, 30,5 cm lang (längs mit dem Streifenmuster geschnitten)
* 2 Filigranperlen mit Strass in Gold, ø 10 mm
* 15 Goldperlen, ø 6 mm
* Silberdraht, ø 0,8 mm bis 1 mm, 15 cm lang

KLEINE KUGEL

* 3 Papierstreifen in Weiß und Gold mit Streifenmuster, 1,2 cm breit, 15 cm lang (längs mit dem Streifenmuster geschnitten)
* 3 Papierstreifen in Weiß und Gold mit Streifenmuster, 0,8 cm breit, 10 cm lang (längs mit dem Streifenmuster geschnitten)
* 8 Goldperlen, ø 6 mm
* Silberdraht, ø 0,8 mm bis 1 mm, 8 cm lang

1 Schneiden Sie die Streifen nach den Angaben in der Materialliste entweder quer zum Muster oder mit dem Streifenmuster zu und lochen Sie sie (einmal in der Mitte und je 5 mm von den Streifenenden entfernt). Aus den jeweils gleich breiten Papierstreifen jeweils Sechser-Sterne kleben.

2 Nun biegen Sie ein Drahtende zu einer Öse und fädeln alles gemäß der Aufsteckreihenfolge auf. Zum Schluss biegen Sie auch das andere Drahtende zu einer Öse.

3 Die fertigen Kugeln nach Wunsch an den Ösen aneinanderhängen.

Aufsteckreihenfolge der großen Kugel

Filigranperle – quer gestreifter Sechser-Stern – Perle – längs gestreifter Sechser-Stern – 13 Perlen – Spitzen des längs gestreiften Sechser-Sterns – Perle – Spitzen des quer gestreiften Sechser-Sterns – Filigranperle

Aufsteckreihenfolge der kleinen Kugel

Perle – größerer Sechser-Stern – 2 Perlen – kleiner Sechser-Stern – 2 Perlen – Spitzen des kleinen Sechser-Sterns – 2 Perlen – Spitzen des größeren Sechser-Sterns – Perle

Ganz in Gold

besonderer Schmuck für die Weihnachtszeit

MOTIVHÖHE
Kugeln mit Zierbändern ca. 8 cm
Kugeln mit Punkten ca. 10 cm

MATERIAL
PRO KUGEL MIT ZIERBÄNDERN

* Tonkarton in Gelb, einseitig gold kaschiert und geprägt:
* 4 Streifen, 1,5 cm breit, 26 cm lang
* 4 Streifen, 1 cm breit, 22 cm lang
* Sticker mit Sternbortenmotiv in Silber
* 10 Silberoliven, 6 mm x 3 mm
* 3 Filigranperlen mit Strass in Silber, ø 10 mm
* Silberdraht, ø 0,8 mm bis 1 mm, 13 cm lang
* Konturenschere

PRO KUGEL MIT PUNKTEN

* Tonkarton in Gelb, einseitig gold kaschiert und geprägt
* 2 Goldperlen, ø 5 mm
* 2 Kartonsterne, ø 3 cm
* 2 Filigranperlen in Gold mit Strass, ø 10 mm
* 1 Filigranperle in Gold, ø 10 mm
* 6 Goldoliven, 8 mm x 5 mm
* 3-D-Liner in Gold (Punkte auftupfen)
* Messingdraht, ø 0,8 mm, 13 cm lang

VORLAGEN
Seite 42

Kugeln mit Zierbändern

1 Von den vier langen Kartonstreifen die Ränder mit der Konturenschere so nachschneiden, dass der äußere Zacken der Schere mit dem Rand des Kartonstreifens abschließt. Der Kartonstreifen ist dann nach dem Schneiden an den breitesten Stellen noch genauso breit wie zuvor (1,5 cm). Achten Sie darauf, dass auf beiden Seiten des Kartonstreifens das Muster an der gleichen Stelle beginnt, es also symmetrisch ist.

2 Die vier Streifen lochen (einmal in der Mitte und je 5 mm von den Streifenenden entfernt) und mit den Aufklebern verzieren. Kleben Sie sie zu einem Achter-Stern zusammen. Die vier kürzeren geraden Streifen ebenfalls lochen und zu einem Achter-Stern zusammenkleben.

3 Biegen Sie nun ein Drahtende zu einer Öse und fädeln Sie alles gemäß der Aufsteckreihenfolge auf. Zum Schluss biegen Sie auch das andere Drahtende zu einer Öse.

Aufsteckreihenfolge

Filigranperle – großer Achter-Stern – Olive – kleiner Achter-Stern – 4 Oliven – Filigranperle – 4 Oliven – Spitzen des kleinen Achter-Sterns – Olive – Spitzen des großen Achter-Sterns – Filigranperle

Kugeln mit Punkten

1 Übertragen Sie die Umrisse der Schablone viermal auf den Karton und schneiden Sie die Streifen aus.

2 Tupfen Sie gemäß der Abbildung mit einem 3-D-Liner goldene Punkte auf die Streifen. Kleben Sie die Streifen, nachdem die Farbe getrocknet ist, zu einem Achter-Stern zusammen.

3 Das Drahtende zu einer Öse biegen und die Streifen und Perlen nach der unten angegebenen Reihenfolge auffädeln. Zum Schluss biegen Sie auch das andere Drahtende zu einer Öse.

Aufsteckreihenfolge

Goldperle – Filigranperle mit Strass – kleiner Kartonstern – Achter-Stern – 3 Goldoliven – Filigranperle – 3 Goldoliven – Spitzen des Achter-Sterns – kleiner Kartonstern – Filigranperle mit Strass – Goldperle

Dekorativer Kugelstecker

festlich in Rot und Weiß gehalten

MOTIVHÖHE
ca. 28 cm

MATERIAL (VON OBEN NACH UNTEN)

PAPER BALL 1

* 4 Kartonstreifen in Weiß, 1 cm breit, 15 cm lang

PAPER BALL 2

* 3 Papierstreifen in Rot mit Schneekristallen, 2 cm breit, 23 cm lang
* 3 Papierstreifen in Weiß mit roten Punkten, 1,5 cm breit, 15 cm lang

PAPER BALL 3

* 5 Kartonstreifen in Rot, 1 cm breit, 30 cm lang

PAPER BALL 4

* 4 Kartonstreifen in Weiß, 1 cm breit, 15 cm lang

PAPER BALL 5

* 4 Kartonstreifen in Rot, 1 cm breit, 15 cm lang
* 4 Papierstreifen in Weiß mit Norwegermuster, 2 cm breit, 30 cm lang

ZUSÄTZLICH

* 31 Glasschliffperlen in Kristall, ø 6 mm
* 7 Wachsperlen in Rot, ø 8 mm
* Steckdraht, ø 1 mm, 30 cm lang

HINWEIS
Zu diesem Modell ist ein Papierset erhältlich.

1 Lochen Sie alle Streifen dreimal, einmal in der Mitte und jeweils 5 mm von den Streifenenden entfernt. Aus den acht weißen und vier roten Kartonstreifen drei Achter-Sterne (Paper Ball 1, 4 und 5) kleben. Bei den beiden weißen Achter-Sternen die gelochten Enden jeweils auf das Loch in der Sternmitte biegen und dann vorsichtig flach drücken, sodass eine Faltkante entsteht. Klappen Sie die Streifenenden wieder nach außen.

2 Aus den gemusterten Papierstreifen zwei Sechser- und einen Achter-Stern (Paper Ball 2 und 5) kleben. Die fünf Papierstreifen von Paper Ball 3 nach Augenmaß zu einem Zehner-Stern zusammenkleben.

3 Nun biegen Sie ein Drahtende zu einer Öse und stecken die Streifen und Perlen gemäß der unten angegebenen Reihenfolge auf den Draht. Anschließend wird das zweite Drahtende zu einer Öse gebogen.

Aufsteckreihenfolge (von oben nach unten)

rote Perle – Perle – weißer Achter-Stern (Paper Ball 1) – Perle – rote Perle – Perle – Spitzen des weißen Sterns (Paper Ball 1) – rote Perle – Sechser-Stern mit Schneekristallen (Paper Ball 2) – Perle – Sechser-Stern mit Punkten (Paper Ball 2) – 6 Perlen – Spitzen des Sterns mit Punkten (Paper Ball 2) – Perle – Spitzen des Sterns mit Schneekristallen (Paper Ball 2) – 2 Perlen – 5 rote Kartonstreifen (Paper Ball 3) – die Enden der Kartonstreifen (Paper Ball 3) – 2 Perlen – weißer Achter-Stern (Paper Ball 4) – 3 rote Perlen – Spitzen des weißen Sterns (Paper Ball 4) – Perle – rote Perle – Norwegerstern (Paper Ball 5) – 4 Perlen – roter Achter-Stern (Paper Ball 5) – 6 Perlen – Spitzen des roten Achter-Sterns (Paper Ball 5) – 4 Perlen – Spitzen des Norwegersterns (Paper Ball 5) – Perle

Filigrane Goldsterne

gehören zu Weihnachten einfach dazu

MOTIVDURCHMESSER
ca. 10 cm und 13,5 cm

MATERIAL

* Tonkarton in Gold
* Tonkarton in Silber (für Sterne)
* 6 bzw. 9 Glasschliffperlen-Doppelkegel in Kristall, ø 6 mm
* 4 Pailletten in Gold, gewölbt, ø 6 mm
* Messingdraht, ø 0,8 mm, 7 cm bzw. 9 cm lang
* Sternsticker in Gold

VORLAGEN
Seite 45

1 Übertragen Sie die Umrisse der filigranen Streifen jeweils viermal auf den goldenen Tonkarton und schneiden Sie sie aus.

2 Die Kartonstreifen an den gestrichelten Linien falten und zu jeweils zwei Vierer-Sternen zusammenkleben. Jetzt bringen Sie die Sternsticker an, wobei Sie sich an der Abbildung orientieren können.

3 Für den kleinen Stern benötigen Sie folgende Kartonsterne: je zwei silberne und goldene kleine Sterne sowie einen großen silbernen. Für den großen Stern schneiden Sie zwei große und zwei kleine Sterne aus dem silbernen Karton.

4 Biegen Sie ein Drahtende zu einer Öse und stecken Sie die Streifen und Perlen je Stern gemäß der unten angegebenen Reihenfolge auf den Draht. Anschließend wird das zweite Drahtende zu einer Öse gebogen.

Aufsteckreihenfolge kleiner Stern

Perle – Paillette – kleiner goldener und silberner Kartonstern – 1. Vierer-Stern – Perle – 2. Vierer-Stern – Perle – großer silberner Kartonstern – Perle – Spitzen des 2. Vierer-Sterns – Perle – Spitzen des 1. Vierer-Sterns – kleiner silberner und kleiner goldener Kartonstern – Paillette – Perle

Aufsteckreihenfolge großer Stern

Perle – Paillette – kleiner silberner Kartonstern – Perle – 1. Vierer-Stern – Perle – großer silberner Kartonstern – Perle – 2. Vierer-Stern – Perle – Spitzen des 2. Vierer-Sterns – Perle – großer silberner Kartonstern – Perle – Spitzen des 1. Vierer-Sterns – Perle – kleiner silberner Kartonstern – Paillette – Perle

Beleuchtete filigrane Kugeln

ein Hingucker im Advent

MOTIV-DURCHMESSER
ca. 7 cm

MATERIAL PRO KUGEL

* 3 Kartonstreifen in Rot oder Gelb, 2 cm breit, 21,5 cm lang
* Seidenraupentransparentpapier in Rot oder Gelb
* 10 Glasschliffperlen in Kristall, ø 6 mm
* 2 Glasschliffperlen-Doppelkegel in Rot oder Gelb, ø 8 mm
* Silberdraht, ø 0,8 mm, 12 cm lang
* Mini-LED Lichterkette

VORLAGEN
Seite 44

1 Schneiden Sie mithilfe einer Schablone drei Kartonstreifen aus und hinterkleben Sie sie mit Transparentpapier. Die Streifen werden zu einem Sechser-Stern zusammengeklebt.

2 Nun biegen Sie ein Drahtende zu einer Öse und fädeln alles gemäß der Aufsteckreihenfolge auf. Zum Schluss biegen Sie auch das andere Drahtende zu einer Öse.

3 Legen Sie alle fertigen Kugeln und die Lichterkette vor sich auf den Tisch. Stecken Sie dann vorsichtig von der Seite her ein Birnchen in jede Kugel und drapieren Sie die Lichterkette z. B. in einer schönen Schale.

Aufsteckreihenfolge

große Perle – Sechser-Stern – 10 Glasschliffperlen – Spitzen des Sechser-Sterns – große Perle

Verspielt gemustert

Originelles in Rot und Weiß

MOTIVDURCHMESSER
große Kugel ca. 11 cm
Spiralkugel ca. 8,5 cm

MATERIAL
GROSSE KUGEL

* 4 Kartonstreifen in Rot, 1 cm breit, 30 cm lang
* 4 Papierstreifen mit Norwegermuster, 2 cm breit, 30 cm lang
* 2 Kartonkleeblätter, gepunktet, ø 3 cm
* 17 Glasschliffperlen in Kristall, ø 6 mm
* 2 Wachsperlen in Rot, ø 10 mm
* Wachsperle in Rot, ø 6 mm
* Silberdraht, ø 0,8 mm, 15 cm lang

RING MIT INNENSTERN

* 2 Kartonstreifen in Weiß, 1 cm breit, 30 cm lang
* 1 Papierstreifen in Rot mit Schneekristallen, 2 cm breit, 22 cm lang
* 2 Kartonkleeblätter gepunktet, ø 3 cm
* Kartonstern in Rot, ø 3 cm, und Weiß, ø 4,2 cm
* 8 Glasschliffperlen in Kristall, ø 6 mm
* je 2 Wachsperlen in Rot, ø 6 mm und 10 mm
* Silberdraht, ø 0,8 mm und 15 cm lang

HINWEIS
Zu dem Modell mit Norwegermuster ist ein Papierset erhältlich.

SPIRALKUGEL

* Tonkarton in Weiß
* Stempel mit Wintermotiven
* Stempelfarbe in Rot
* 2 Plastikperlen in Rot, matt, ø 8 mm
* 6 Holzperlen in Weiß, ø 10 mm
* Messingdraht, ø 0,8 mm, 14 cm lang

VORLAGEN
Seite 42+46

Große Kugel

1 Die vier Papierstreifen mit dem Norwegermuster werden mittig und je 1 cm von den Streifenenden entfernt gelocht, bei den roten Kartonstreifen 5 mm von den Streifenenden lochen. Aus den Papier- und Kartonstreifen jeweils einen Achter-Stern kleben.

2 Biegen Sie ein Drahtende zu einer Öse und stecken Sie die Streifen und Perlen gemäß der unten angegebenen Reihenfolge auf den Draht. Anschließend wird das zweite Drahtende zu einer Öse gebogen.

Aufsteckreihenfolge

Glasschliffperle – große rote Perle – Kartonkleeblatt – roter Achter-Stern – Norwegerstern – 12 Glasschliffperlen – Spitzen des Norwegersterns – Spitzen des roten Achter-Sterns – Kartonkleeblatt – große rote Perle – Glasschliffperle

Ring mit Innenstern

1 Den roten und die weißen Streifen lochen (einmal in der Mitte und je 5 mm von den Streifenenden entfernt) und jeweils zu einem Kreuz zusammenkleben. Den roten auf den weißen Stern kleben und den weißen Stern zweimal lochen.

2 Nun biegen Sie ein Drahtende zu einer Öse, stecken alle Streifen und Perlen auf und biegen das zweite Drahtende zu einer Öse.

Aufsteckreihenfolge

Glasschliffperle – kleine rote Perle – Kartonkleeblatt – zwei weiße Kartonstreifen – große rote Perle – roter Papierstreifen – 3 Glasschliffperlen – Kartonstern – 3 Glasschliffperlen – Spitzen des roten Papierstreifens – große rote Perle – Spitzen der weißen Kartonstreifen – Kartonkleeblatt – kleine rote Perle – Glasschliffperle

Spiralkugel

Die Anleitung für die Spiralkugel finden Sie auf Seite 14/15. Auf die weißen Streifen die roten Muster entweder regelmäßig oder unregelmäßig aufstempeln.

Bei der Aufsteckreihenfolge ersetzen Sie die Strassrondelle bitte durch jeweils eine Plastikperle.

Diese Paper Balls bezaubern durch die raffinierte Kombination der geraden Innenstreifen und der geschwungenen Streifen der Außenkugel.

Variieren Sie nach Belieben bei den kleinen Details wie Perlen und Streifenverzierungen.

Effektvoll gedrehte Kugeln

auch zum Verschenken toll

MOTIVHÖHE
ca. 9 cm

MATERIAL
PRO KUGEL

* Designkarton in Rot mit etwas Silberglitter
* 4 Kartonstreifen mit Leinenstruktur in Weiß, 1 cm breit, 16 cm lang
* 2 Kartonscheiben in Weiß, ø 2,5 cm
* 2 Kartonsterne in Rot, ø 2,2 cm
* Sternsticker in Silber, Sterndurchmesser ca. 3 mm
* 13 Wachsperlen in Weiß, ø 5 mm
* Silberdraht, ø 0,8 mm, 12 cm lang

VORLAGEN
Seite 44

1 Die geschwungenen Konturen der Vorlage gemäß der allgemeinen Anleitung und den Hinweisen zur Verdoppelung einer Schablone von halben Streifen auf Seite 40/41 viermal auf den roten Karton übertragen und ausschneiden.

2 Die roten und weißen Streifen jeweils zu einem Achter-Stern zusammenkleben.

3 Verzieren Sie die roten Streifen mit den silbernen Sternstickern.

4 Nun biegen Sie ein Drahtende zu einer Öse und fädeln alles gemäß der Aufsteckreihenfolge auf. Zum Schluss biegen Sie auch das andere Drahtende zu einer Öse.

Aufsteckreihenfolge

Perle – kleiner roter Kartonstern – weiße Kartonscheibe – roter Achter-Stern – 2 Perlen – weißer Achter-Stern – 7 Perlen – Spitzen des weißen Achter-Sterns– 2 Perlen – Spitzen des roten Achter-Sterns – weiße Kartonscheibe – kleiner roter Kartonstern – Perle

Spiel mit Farbkontrasten

von festlichem Gold und Weiß

MOTIVHÖHE
ca. 11 cm

MATERIAL
PRO KUGEL

* Designkarton in Gold
* Karton mit Leinenstruktur in Weiß
* 4 Kartonstreifen in Weiß (oder Gold), 1 cm breit, 14,5 cm lang
* 4 Kartonsterne in Weiß (oder Gold), ø 4,5 cm
* 10 (oder 3) Wachsperlen in Weiß, ø 5 mm
* 3 (oder 10) Goldperlen, ø 5 mm
* 2 Rillenoliven in Gold, 8 mm x 10 mm, oder 2 Rillenperlen in Weiß, ø 8 mm
* Messingdraht, ø 0,8 mm bis 1 mm, 15 cm lang
* Motivlocher: Stern, ø 1,3 cm (oder Vorlage)

VORLAGEN
Seite 45

1 Mithilfe einer Schablone z. B. vier goldene Kartonstreifen ausschneiden. (Alternativ können Sie auch vier weiße oder zwei goldene und zwei weiße Streifen ausschneiden.) Diese vier Kartonstreifen zu einem goldenen Achter-Stern zusammenkleben.

2 Auf die Mitte der Streifen jeweils einen kleinen weißen (oder goldenen) Kartonstern kleben. Wenn kein Sternlocher dafür zur Hand ist, können die acht Sterne auch mithilfe einer Schablone ausgeschnitten werden.

3 Vier weiße oder goldene gerade Kartonstreifen (1 cm breit, 14,5 cm lang) lochen (einmal in der Mitte und je 5 mm von den Streifenenden entfernt) und zu einem Achter-Stern zusammenkleben.

4 Nun biegen Sie ein Drahtende zu einer Öse und fädeln die Streifen und Perlen gemäß der Aufsteckreihenfolge auf. Zum Schluss biegen Sie auch das andere Drahtende zu einer Öse.

Aufsteckreihenfolge für die goldene Kugel

goldene Rillenolive – 2 weiße Kartonsterne – goldener Achter-Stern – 2 weiße Perlen – Goldperle – kleiner weißer Achter-Stern – 3 weiße Perlen – Goldperle – 3 weiße Perlen – Spitzen des kleinen weißen Achter-Sterns – Goldperle – 2 weiße Perlen – Spitzen des goldenen Achter-Sterns – 2 weiße Kartonsterne – goldene Rillenolive

Aufsteckreihenfolge für die weiße und weiß-goldene Kugel

weiße Rillenperle – 2 goldene Kartonsterne – weißer (weiß-goldener) Achter-Stern – 2 Goldperlen – weiße Perle – kleiner goldener (weißer) Achter-Stern – 3 Goldperlen – weiße Perle – 3 Goldperlen – Spitzen des kleinen goldenen (weißen) Achter-Sterns – weiße Perle – 2 Goldperlen – Spitzen des weißen (weiß-goldenen) Achter-Sterns – 2 goldene Kartonsterne – weiße Rillenperle

Mein Tipp für Sie

Vielseitige Motivlocher Mit ausgestanzten Motiven können Sie Ihre Paper Balls schnell und einfach effektvoll verzieren. Die Motivlocher sind in einer großen Motivauswahl im Fachhandel erhältlich.

So wird's gemacht

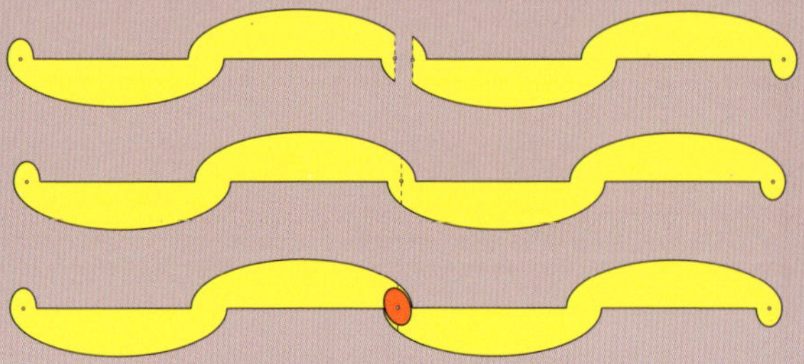

Vorlage für das Zusammenfügen eines Sechser-Sterns

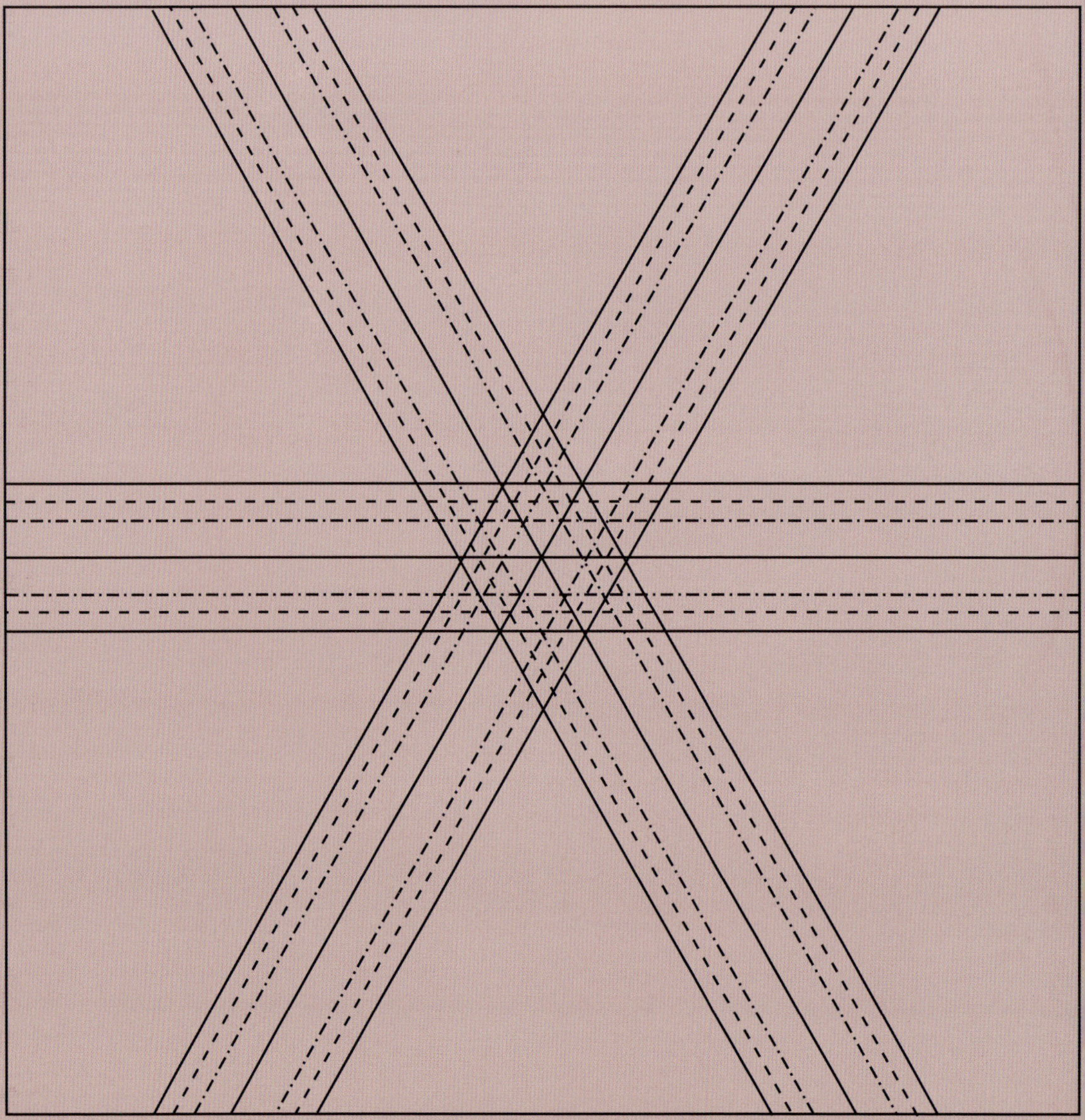

Eine halbe Schablone verdoppeln

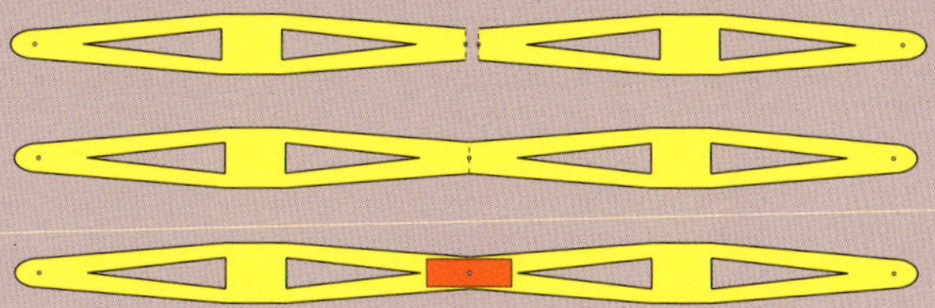

Aus Platzgründen kann im Buch nur die halbe Schablone eines Streifens abgebildet werden. Deshalb muss die halbe Schablone doppelt ausgeschnitten und dann zu einer ganzen Schablone zusammengeklebt werden. Dies geschieht entweder mit Klebefilm oder indem ein kleines Kartonstück (hier in Orange) aufgeklebt wird.

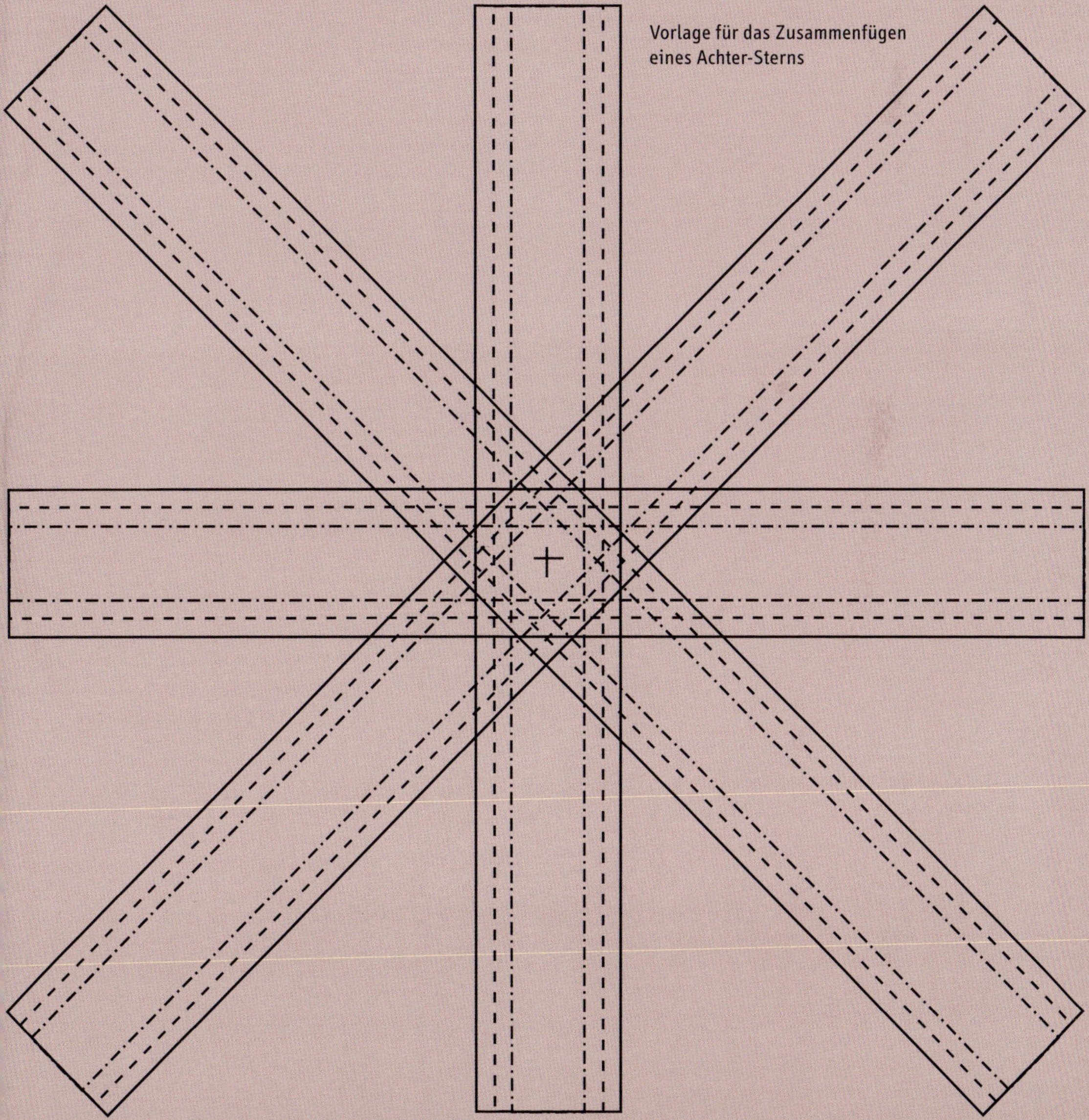

Vorlage für das Zusammenfügen eines Achter-Sterns

Beachten Sie bitte die Hinweise auf den Seiten 40 und 41 zur Verdoppelung der Schablonen von halben Streifenvorlagen.

Ganz in Gold

SEITE 26

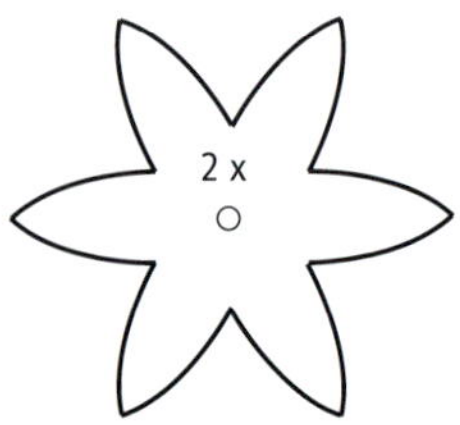

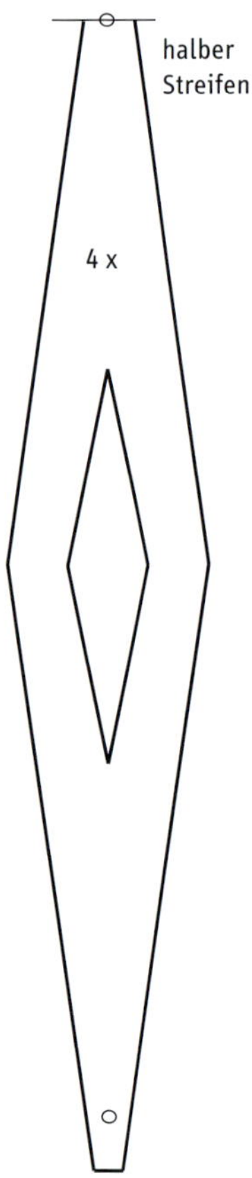

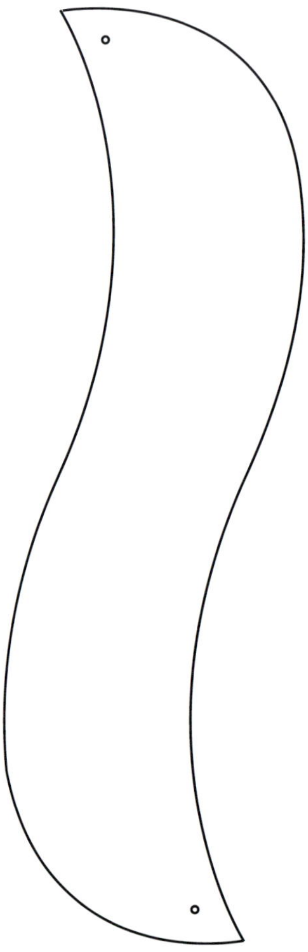

Bezaubernde Spiralform

SEITE 14

Verspielt gemustert

SEITE 34

Spiralkugel

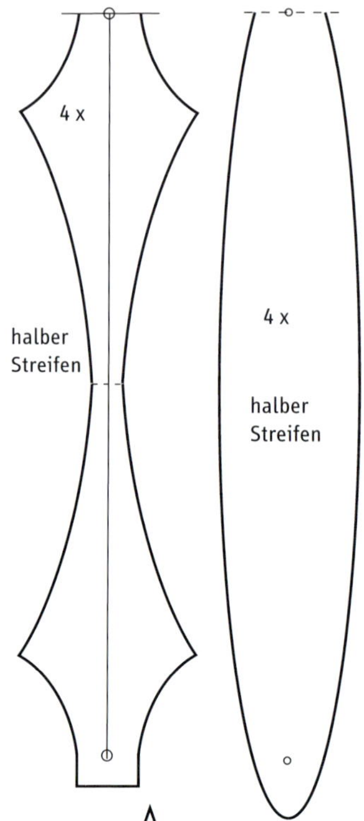

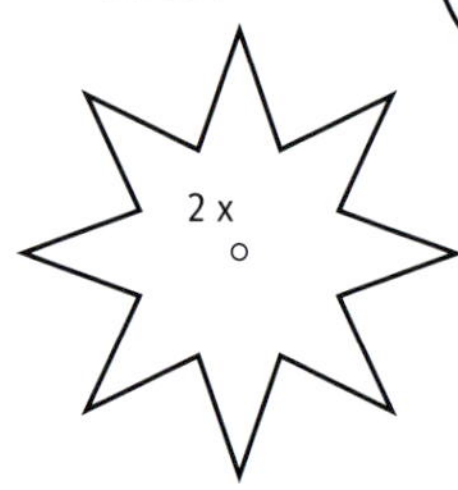

Dekoratives in Blautönen

SEITE 4

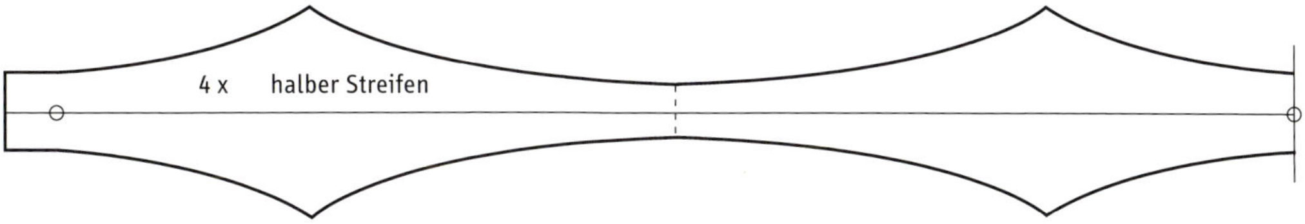

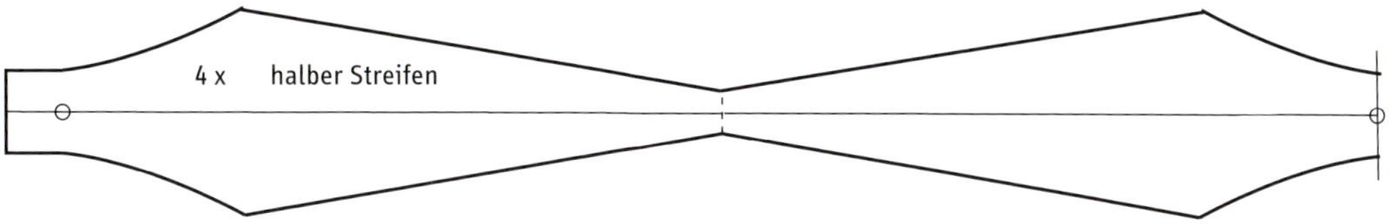

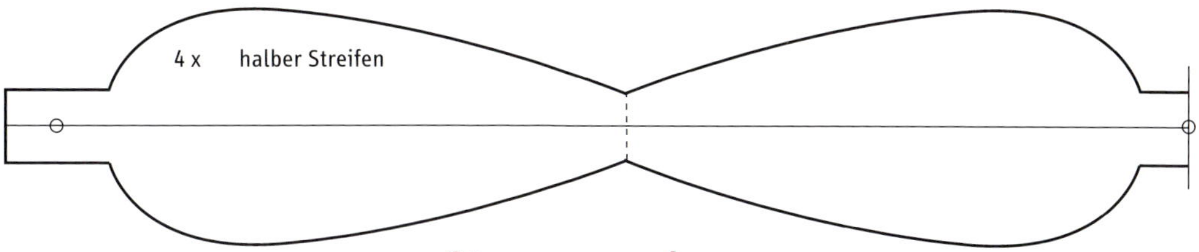

Sternenzauber

SEITE 16

Schöne Anhänger

SEITE 12

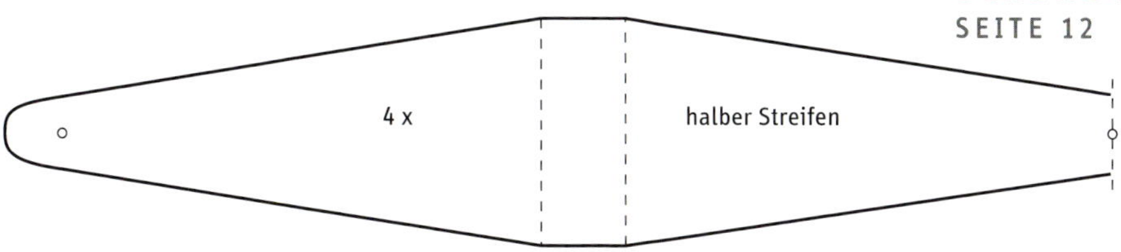

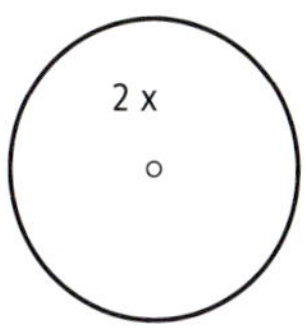

Spiralkugeln mit Schneekristallen

SEITE 23

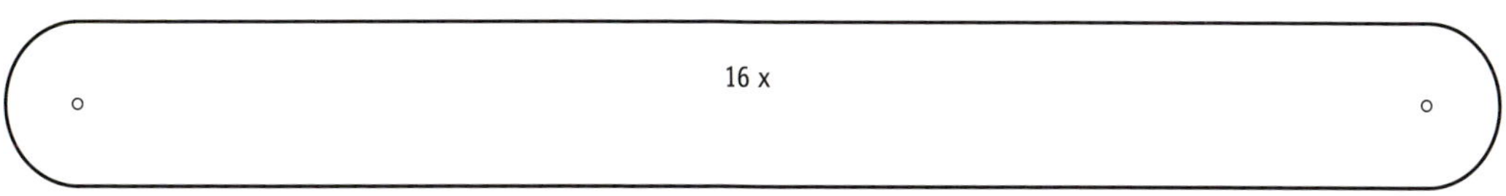

Festliche Hänger

SEITE 2

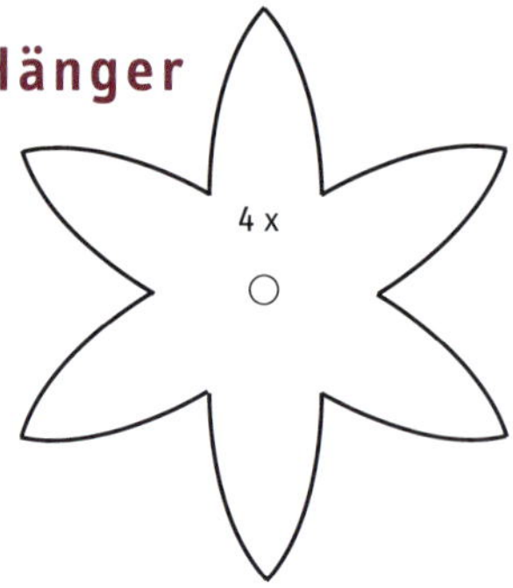

Effektvoll gedrehte Kugeln

SEITE 36

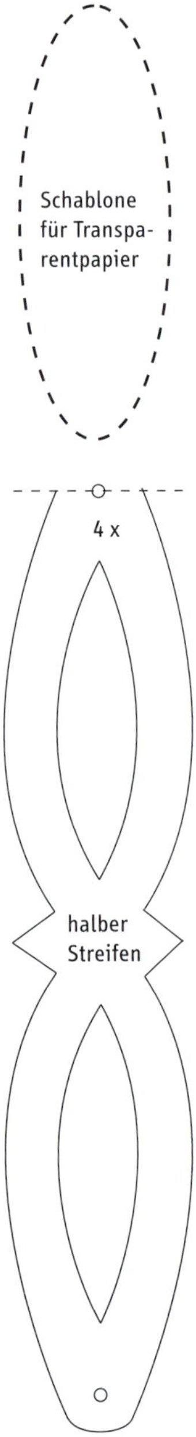

Beleuchtete filigrane Kugeln

SEITE 32

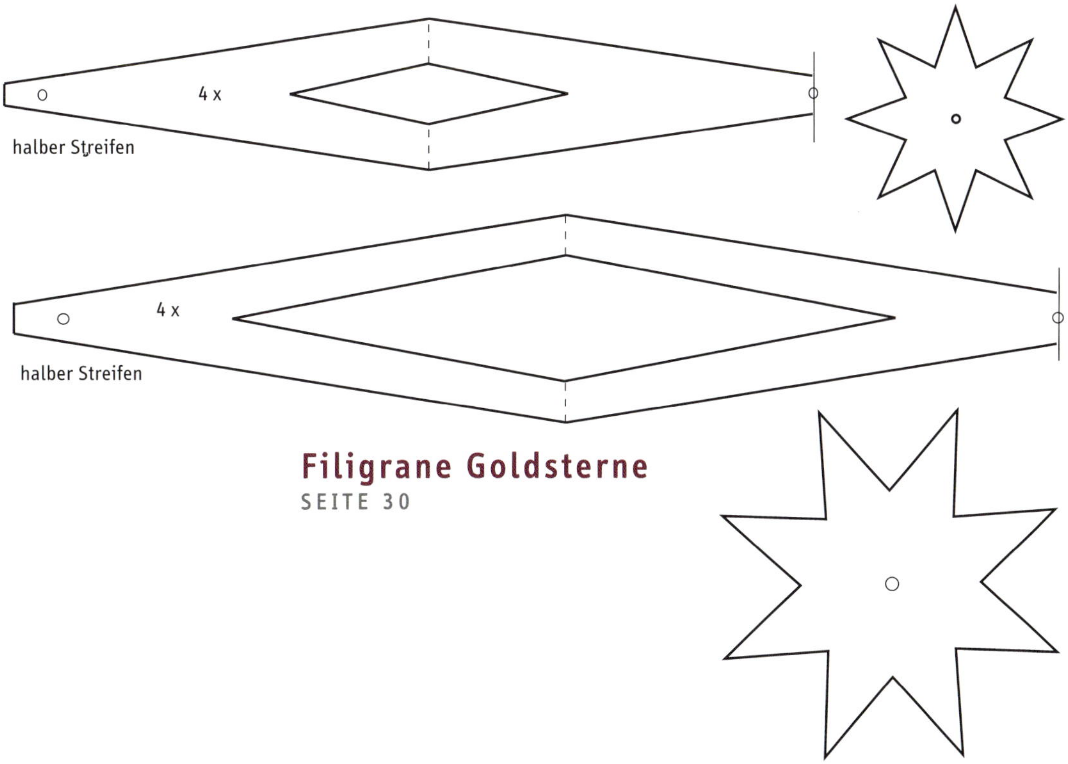

Filigrane Goldsterne

SEITE 30

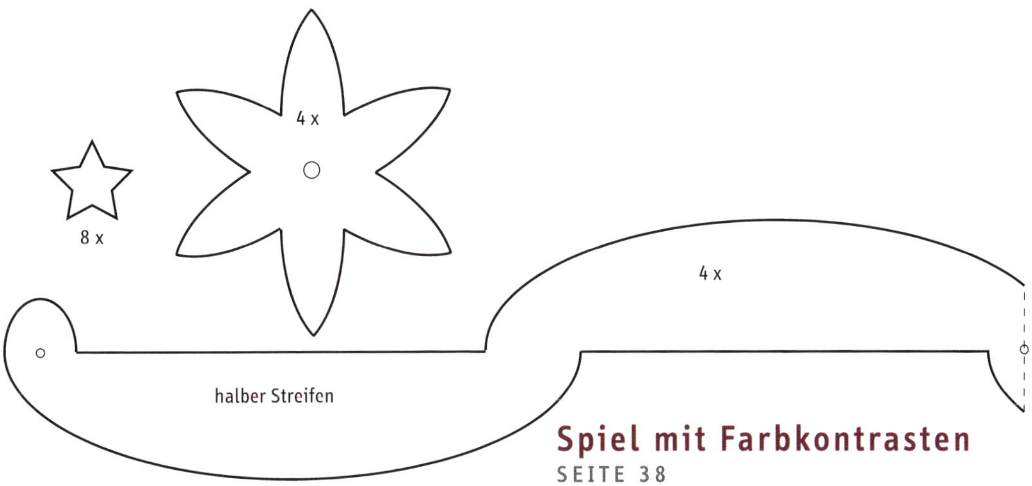

Spiel mit Farbkontrasten

SEITE 38

Edler Kugeltraum
SEITE 9

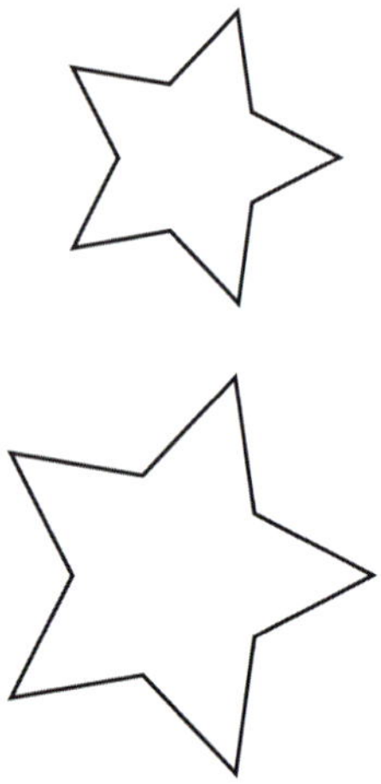

Kugelstecker und Hänger
SEITE 20

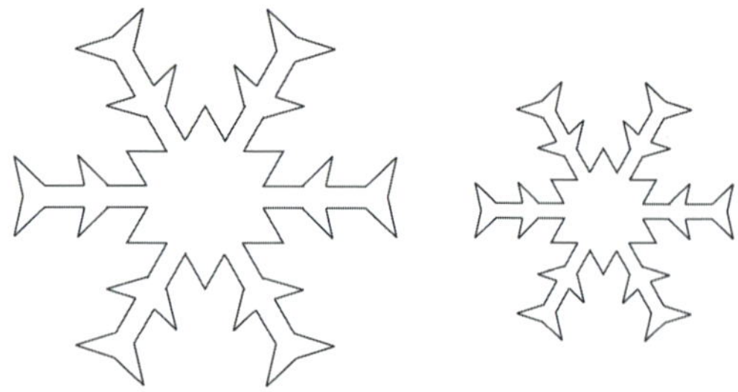

Festliches Ensemble
SEITE 10

Verspielt gemustert
SEITE 34

Festtags-zauber

Festliche Dekorationen für die Weihnachtszeit

TOPP 3921
ISBN 978-3-7724-3921-6

TOPP 3922
ISBN 978-3-7724-3922-3

TOPP 3923
ISBN 978-3-7724-3923-0

TOPP 3924
ISBN 978-3-7724-3924-7

Erfolgsthema Papierfalten

Prachtvolle Sterne und kunstvolle Kreationen aus edlen Papieren sind eine beliebte Dekoration zu Weihnachten. In diesen vier Büchern finden Sie eindrucksvolle Ideen und noch nie dagewesene Varianten. Lassen Sie sich verzaubern!

Armin Täubner lebt auf der Schwäbischen Alb und ist seit über 25 Jahren erfolgreich als ungemein vielseitiger Autor für den frechverlag tätig. Eigentlich ist er Lehrer für Englisch, Biologie und Bildende Kunst. Durch seine Frau kam der Allrounder zum Büchermachen. Zweifelsohne ein Glücksfall für die kreative Welt! Es gibt fast kein Material, das Armin Täubners Fantasie nicht beflügelt, und kaum eine Technik, die er sich nicht innerhalb kürzester Zeit angeeignet hat. Sein liebstes Material ist und bleibt aber Papier.

Carlos N. Molina, gebürtig aus Puerto Rico, lebt in New York. Seine Papierkreationen wurden schon in Puerto Rico, New York, Japan, Hong Kong und vielerorts in den USA ausgestellt. Er liebt das Material Papier, aus dem er raffinierte dreidimensionale Skulpturen schafft. Hinter seinen fantasievollen Kreationen verbirgt sich immer auch eine tiefere Bedeutung. So liegen ihm der Schutz von Kindern vor Missbrauch und der Schutz tropischer Landschaften sehr am Herzen.

DANKE!

Wir danken den Firmen Ludwig Bähr, Kassel und Rayher, Laupheim, für die Bereitstellung von Material.

TOPP – Unsere Servicegarantie

WIR SIND FÜR SIE DA! Bei Fragen zu unserem umfangreichen Programm oder Anregungen freuen wir uns über Ihren Anruf oder Ihre Post. Loben Sie uns, aber scheuen Sie sich auch nicht, Ihre Kritik mitzuteilen – sie hilft uns, ständig besser zu werden.

Bei Fragen zu einzelnen Materialien oder Techniken wenden Sie sich bitte an unseren Kreativservice, Frau Erika Noll.

mail@kreativ-service.info
Telefon 0 50 52 / 91 18 58

Das Produktmanagement erreichen Sie unter:

pm@frechverlag.de
oder:
frechverlag
Produktmanagement
Turbinenstraße 7
70499 Stuttgart
Telefon 07 11 / 8 30 86 68

LERNEN SIE UNS BESSER KENNEN! Fragen Sie Ihren Hobbyfach- oder Buchhändler nach unserem kostenlosen Kreativmagazin **Meine kreative Welt.** Darin entdecken Sie vierteljährlich die neuesten Kreativtrends und interessantesten Buchneuheiten.

Oder besuchen Sie uns im Internet! Unter **www.topp-kreativ.de** können Sie sich über unser umfangreiches Buchprogramm informieren, unsere Autoren kennenlernen sowie aktuelle Highlights und neue Kreativtechniken entdecken, kurz – die ganze Welt der Kreativität.

Kreativ immer up to date sind Sie mit unserem monatlichen **Newsletter** mit den aktuellsten News aus dem frechverlag, Gratis-Bastelanleitungen und attraktiven Gewinnspielen.

IMPRESSUM

FOTOS: frechverlag GmbH, 70499 Stuttgart; lichtpunkt, Michael Ruder, Stuttgart; Armin Täubner (alle Arbeitsschrittfotos); Carlos Molina (Seite 48 unten)
ZEICHNUNGEN: Armin Täubner
PRODUKTMANAGEMENT: Claudia Mack
LEKTORAT: Annette Gerstenkorn, Bochum
GESTALTUNG: Atelier Schwab, Handewitt
DRUCK: frechdruck GmbH, 70499 Stuttgart PRINTED IN GERMANY
SPRECHER AUF DVD: Henrik van Ypsilon
FILMPRODUKTION: team.Werk. Die Filmproduktion GmbH, Stuttgart

Auflage: 5. 4. 3.
Jahr: 2015 2014 2013 2012 2011 [Letzte Zahlen maßgebend]

ISBN 978-3-7724-3923-0 • Best.-Nr. 3923